BALADAS
PARA EL-REI

BALADAS PARA EL-REI

Coordenação Editorial
André Seffrin

Apresentação
Marcos Pasche

Ilustrações
Fernando Correia Dias

CECÍLIA MEIRELES

São Paulo
2017

global
editora

© **Condomínio dos Proprietários dos Direitos Intelectuais de Cecília Meireles**
Direitos cedidos por Solombra – Agência Literária
(solombra@solombra.org)
Ilustrações © **Condomínio dos Proprietários dos Direitos Intelectuais de Fernando Correia Dias**
Direitos cedidos por Solombra – Agência Literária
(solombra@solombra.org)
2ª Edição, Global Editora, São Paulo 2017

Jefferson L. Alves – diretor editorial
Gustavo Henrique Tuna – editor assistente
André Seffrin – coordenação editorial, estabelecimento de texto, cronologia e bibliografia
Flávio Samuel – gerente de produção
Flavia Baggio – assistente editorial e revisão
Fernanda Bincoletto – revisão
Tathiana A. Inocêncio – projeto gráfico

A Global Editora agradece à Solombra – Agência Literária pela gentil cessão dos direitos de imagem de Cecília Meireles.

A Global Editora agradece ao Prof. Dr. Antonio Carlos Secchin por ter franqueado exemplar da primeira edição de *Baladas para El-Rei*, de 1925, presente em sua biblioteca, para reprodução dos desenhos de Fernando Correia Dias.

Obra atualizada conforme o
NOVO ACORDO ORTOGRÁFICO DA LÍNGUA PORTUGUESA.

CIP-BRASIL. CATALOGAÇÃO NA PUBLICAÇÃO
SINDICATO NACIONAL DOS EDITORES DE LIVROS, RJ

M455b

   Meireles, Cecília, 1901-1964
   Baladas para El-Rei/Cecília Meireles; coordenação André Seffrin; [ilustração Fernando Correia Dias]. – [2. ed.] – São Paulo: Global, 2017.

   ISBN 978-85-260-2257-7

   1. Poesia brasileira. I. Seffrin, André. II. Dias, Fernando Correia. III. Título.

16-32653   CDD: 869.91
                                    CDU: 821.134.3(81)-1

global
editora

Direitos Reservados

global editora e distribuidora ltda.
Rua Pirapitingui, 111 – Liberdade
CEP 01508-020 – São Paulo – SP
Tel.: (11) 3277-7999 – Fax: (11) 3277-8141
e-mail: global@globaleditora.com.br
www.globaleditora.com.br

Colabore com a produção científica e cultural.
Proibida a reprodução total ou parcial desta obra sem a autorização do editor.

Nº de Catálogo: **3625**

Acervo pessoal de Cecília Meireles

Sumário

Que Rei é ele? – *Marcos Pasche* 9

[*Na grande noite tristonha,*] 17
Inicial 21
Para mim mesma 23
Do caminhante que há de vir... 25
Dolorosa 27
Sem fim 29
Do meu outono 31
De Nossa Senhora 35
Da flor de oiro 37
Dos pobrezinhos 39
Das avozinhas mortas 41
Para El-Rei 43
Suavíssima 45
Dos dias tristes 47
Dos cravos roxos 51
Para a minha morta 53
Das três Princesas 55
Soturna 57
Do crisântemo branco 59
Final 61
Oferenda 65

Cronologia 67
Bibliografia básica sobre Cecilia Meireles 73
Índice de primeiros versos 79

Que Rei é ele?

Ao se abordar criticamente alguma obra literária brasileira do século XX, é quase regra verificar de que maneira ela se coloca diante do intenso apelo à novidade que tanto marcou o período. Nesses termos, o estudioso verifica se a obra confirma ou infirma prescrições da vanguarda; se ela age de modo contemporâneo ou passadista; e, mais fundamente, se ela extrapola tais noções, revelando modernidade na aparência conservadora e denotando convencionalismo no rótulo pintado de avanço.

A partir dessas considerações, pode-se entender a obra poética de Cecília Meireles como uma das mais peculiares da literatura brasileira, e por um intrincado movimento entre o particular e o coletivo. O desenvolvimento da poesia ceciliana é simultâneo ao do próprio Modernismo, e este teve naquela alguns picos de realização, como no caso da revisão de teor historicista empreendida pelo livro magnânimo que é o *Romanceiro da Inconfidência* (1953). Por essas duas razões, é possível notar, sucintamente, as proximidades de época e de concepção entre a autora e a tendência triunfante que lhe foi coetânea. No entanto, são nítidas — porque estruturais — as diferenças existentes entre uma e outra, tendo Cecília realizado um feito extraordinário e pertencendo a seu tempo sem ser por ele formatada, relacionando-se com uma ideologia exitosa sem se submeter a estreitezas programáticas.

Se não cometo uma generalização imprudente, na fortuna crítica de Cecília Meireles é uníssono o destaque da complexidade estética de sua poesia, isenta de previsíveis conclusões acerca do velho e do novo, dotada de uma captação do tempo mais espiritual do que calendárica. Disto, *Baladas para El-Rei* (1925), a terceira coletânea de poemas que a poeta publicou, é um substantivo exemplo, e já a partir de seu título. De acepção plural, "balada" é, em síntese, uma estrutura poemática afim da canção, especialmente pela presença do estribilho, cujas origens remontam à Idade Média. "El-Rei" é registro arcaico que designa o regente supremo de um regime monárquico. Num só lance, reúnem-se duas referências que não parecem pertinentes àqueles anos de 1920, e se isso for enquadrado numa dicotomia envolvendo novidade e velhice, será imediata a conclusão de que Cecília Meireles escreveu um livro passadista. A rigor, essas referências indiciam uma forma de escrita que se consolidará por todo o trabalho da poeta, mesmo na fase que estudiosos e a própria autora estabeleceram como efetivamente madura, isto é, a iniciada em 1939, com a publicação de *Viagem*.[1] Ora, se se considerar que tal fase tem grande relevância para o fortalecimento do Modernismo, e se também for considerado que, apesar da instituição das fases, a escrita de Cecília Meireles exibe uma coesão estilística que pode atravessar divisões, concluir-se-á que não há passadismo no livro em questão. Nele há, como há nas outras coletâneas anteriores e posteriores a *Viagem*, uma poética elaborada pela permanente atualização de elementos típicos de estilos literários vigentes antes do Modernismo, porque o tempo de Cecília Meireles é o seu e são outros, e sua mão é, em qualquer de seus livros, a mão de uma poetisa, como demonstra, entre outras baladas, "Do crisântemo branco":

> Este crisântemo em que poiso a alma, cismando,
> no pessimismo impressional dos sonhos meus,
> este crisântemo em que poiso a alma, cismando,

---

1 Cf. MEIRELES, Cecília. *Antologia poética*. 3. ed. São Paulo: Global, 2013. O volume, publicado originariamente em 1963, foi organizado pela autora, que nele não incluiu qualquer texto anterior ao livro de 1939.

é, numa noite de amargura, não sei quando,
a tua mão, cheia de luar, dizendo adeus...²

Dito isso, a partir de agora sublinharei um componente basilar de *Baladas para El-Rei* – o dizer com tendência à vaguidade –, já lembrando que ele é um dos fundamentos da poesia simbolista e que, em Cecília, não se restringe a uma fase, o que se verifica pelo nome de um de seus mais importantes livros, *Vaga música,* de 1942.

Se, de acordo com o título, o destinatário das baladas não é *um* rei qualquer, e sim *o* Rei, definido e maiúsculo, convém perguntar quem é essa figura referida em 4 dos 21 textos do volume. A primeira menção é feita logo no texto de abertura, quando a voz lírica, emitida de dentro de uma atmosfera solitária e infeliz, cita o personagem sem registrar-lhe o nome ou dele fornecer qualquer informação específica (época, lugar, grau de proximidade etc.): "*E sob olhares em pranto/ de estrelas alucinadas,/ vais, – coroa, cetro e manto,/ ó Rei das minhas baladas!*"³ Pouco à frente, ainda no mesmo texto, nota-se distância entre emissor e o majestoso interlocutor: "*E eu sonho o meu sonho oculto/ de ave triste, – que não voa,/ detida a ver o teu vulto/ de cetro, manto e coroa...*"⁴ Se as aparências de falência amorosa não enganarem, é possível entender "Rei" como metáfora de "ser amado", o senhor absoluto dos sentimentos de quem entoa as baladas. É possível, mas não é óbvio, pois o texto não fornece dados claros, e a exegese deve cuidar para que a especulação não descambe para a extrapolação. A próxima referência à figura real é diferente, mas, por um discreto procedimento textual, manterá o enigma, adensando-o.

---

2 Idem. Do crisântemo branco. In: _____. *Baladas para El-Rei*. São Paulo: Global, 2017. p. 60.
3 Idem. [*Na grande noite tristonha*]. Ibidem. p. 17.
4 Ibidem. p. 18.

Em "Sem fim", sexto poema do livro, o discurso lírico ganha ares de narrativa, visto que as dez estrofes se iniciam com "Era uma vez", sendo a primeira "Era uma vez uma donzela,/ nos bons tempos do rei Guntar...".[5] Embora nomeado, o rei é fictício, e, além disso, a voz lírica usa a terceira pessoa, falando *dele*, e não *com* ou *diretamente para ele*, conforme se deu no exemplo anterior. Nova menção ocorre no poema precisamente intitulado "Para El--Rei", no qual a fala sentimentalista tem fortes contornos: "Oh! nem de leve me recordes esperanças...",[6] pede-se no primeiro verso. Diferentemente do ocorrido no texto de abertura, aqui não se emprega, no corpo do texto, o vocábulo "rei", tampouco alguém figura portando aparatos monárquicos, conforme também se deu no poema de abertura do livro. Mas a fala volta a se dirigir à segunda pessoa, reativando a proximidade inexistente em "Sem fim", e a hipótese de o rei ser o amado da persona lírica recebe novo matiz, instaurado por um detalhe que denota sacralidade: "Não queiras, pois, que eu sofra mais... Deixa-me, apenas,/ lembrando a calma dos teus grandes olhos *bentos*,/ onde anda a luz das longas vésperas serenas,".[7] O adjetivo em destaque permite pensar num amor existencial concebido como sagrado, ou no amor devocional dedicado a ícones da religião. A segunda possibilidade se reforçará caso tomada em conjunto com a próxima referência ao rei, feita em "Oferenda", texto derradeiro do volume:

> Fiquem teus olhos, toda a vida,
> fiquem teus olhos, ó meu Rei,
> com a sua luz em mim perdida...

---

5 Ibidem. Sem fim. p. 29.
6 Ibidem. Para El-Rei. p. 43.
7 Ibidem. p. 43. Grifo do autor.

> Sobre a minha alma, toda a vida,
> teus olhos tristes, d'Agnus Dei!...[8]

A hipótese metafísica aqui recebe traços expressivos, mas insisto em chamar atenção para o fato de o Rei não ser identificado pelo texto de modo objetivo. Na liturgia católica, o Cordeiro de Deus (*Agnus Dei*) é Jesus, o Cristo, rei de um reino de outro mundo, mas o texto não invoca seu nome em vão: no lugar disso, emprega uma simbologia, e na Língua de Roma...

Reunidos sinteticamente, esses indícios tornam provável o fato de o Rei do livro ser um conjunto de reis. A impossibilidade de identificá-los fielmente dá relevo a uma linha de força da escrita de Cecília Meireles, a linguagem reticente, também linha de força do Simbolismo, tão familiar à poeta, e, mais ainda, linha elementar da própria poesia, que não se guia pelos princípios da coesão, da coerência e da clareza. E por ser aqui a reticência um princípio de construção literária (e não simples coincidência ou um jogo de esconder), importa salientar que as reticências (sinal de pontuação) são empregadas 304 vezes ao longo dos 21 poemas do livro.

Portanto, não é seguro apontar, com pretensa certeza, quem é *o* Rei receptor das baladas, mas é possível ouvi-las badalando no livro que é um reino do dizer obnubilado e do subentendido.

Marcos Pasche

---

8 Ibidem. Oferenda. p. 66.

EX·LIBRIS
Cecilia Meirelles

......como uma cegonha que
sonha, que sonha e sonha...

BALADAS
PARA EL-REI

Na grande noite tristonha,
meu pensamento parado
tem quietudes de cegonha
numa beira de telhado.

— Na grande noite tristonha...

Lembram planícies desertas
de uma paisagem do Norte,
as perspectivas abertas
no mundo da minha sorte...

— Lembram planícies desertas...

Ao longe, distâncias ermas...
Em tudo quanto se abarca,
há ligeirezas enfermas
de luas da Dinamarca...

— Ao longe, distâncias ermas...

E sob olhares em pranto
de estrelas alucinadas,
vais, — coroa, cetro e manto,
ó Rei das minhas baladas!

— E sob olhares em pranto...
....
Na grande noite tristonha,
meu pensamento parado
tem quietudes de cegonha
numa beira de telhado.

— Na grande noite tristonha...

*E eu sonho o meu sonho oculto
de ave triste, – que não voa,
detida a ver o teu vulto
de cetro, manto e coroa...*

– E eu sonho o meu sonho oculto...

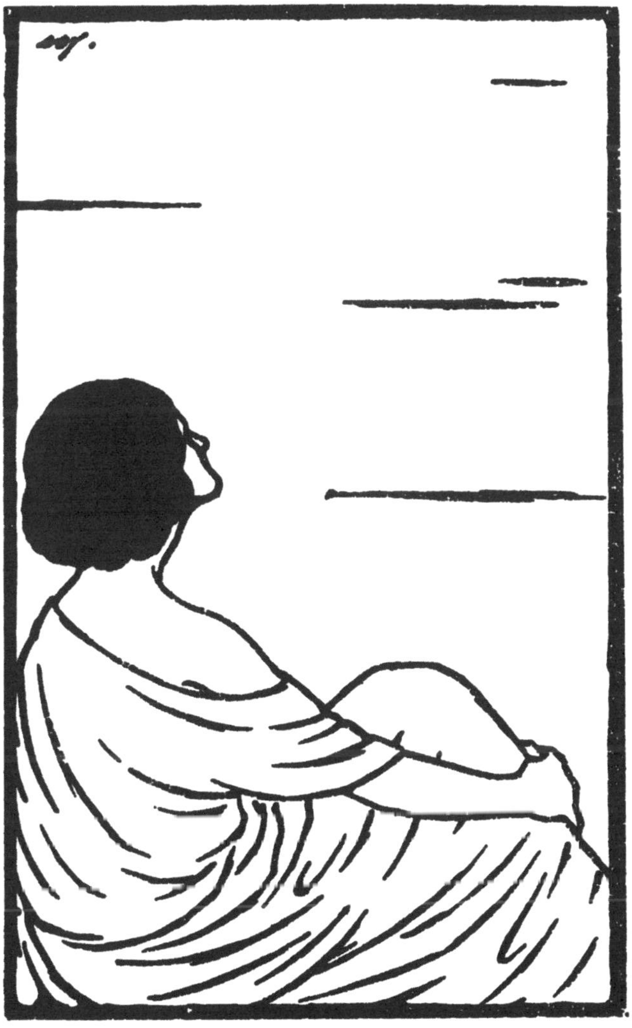

INICIAL

Lá na distância, no fugir das perspectivas,
por que vagueiam, como o sonho sobre o sono,
aquelas formas de neblinas fugitivas?

Lá na distância, no fugir das perspectivas,
lá no infinito, lá no extremo... no abandono...

Aquelas sombras, na vagueza da paisagem,
que tem brancuras de crepúsculos do Norte,
dão-me a impressão de vir de outrora... de uma viagem...

Aquelas sombras, na vagueza da paisagem,
dão-me a impressão do que se vê depois da morte...

Lá muito longe, muito longe, muito longe,
anda o fantasma espiritual de um peregrino...
Lembra um rei-mago, lembra um santo, lembra um monge...

Lá muito longe, muito longe, muito longe,
anda o fantasma espiritual do meu destino...

Anda em silêncio: alma do luar... forma do aroma...
Lembrança morta de uma história reticente
que nos contaram noutra vida e noutro idioma...

Anda em silêncio: alma do luar... forma do aroma...
Lá na distância... O meu destino... Vagamente...
....
Sentei-me à porta do meu sonho, há muito, nessa
dúvida triste de um infante pequenino,
a quem fizeram, certa vez, uma promessa...

Que é que me trazes de tão longe? Vem depressa!
Ó meu destino! Ó meu destino! Ó meu destino!...

Para mim mesma

Para os meus olhos, quando chorarem,
terem belezas mansas de brumas,
que na penumbra se evaporarem...

Para os meus olhos, quando chorarem,
terem doçuras de auras e plumas...

E as noites mudas de desencanto
se constelarem, se iluminarem
com os astros mortos que vêm no pranto...

As noites mudas de desencanto...
Para os meus olhos, quando chorarem...

Para os meus olhos, quando chorarem,
terem divinas solicitudes
pelos que mais os sacrificarem...

Para os meus olhos, quando chorarem,
verterem flores sobre os paludes...

Para que os olhos dos pecadores
que os humilharem, que os maltratarem
tenham carinhos consoladores,

Se, em qualquer noite de ânsias e dores,
os olhos tristes dos pecadores
para os meus olhos se levantarem...

Do caminhante que há de vir...

Ele virá tão tarde e tão sozinho,
tão tarde e tão sozinho, se ele vier,
que nem a solitude do caminho

o vulto seu perceberá, sequer...
Ele virá tão tarde e tão sozinho!...

No meu grande e tristíssimo abandono,
apagarei a lâmpada do lar,
para esquecer, na dispersão do sono,

A inútil amargura de esperar...
No meu grande e tristíssimo abandono...

E quando já não recordarem nada
os olhos meus, com súplicas de fim,
na indefinida solidão da estrada,

Talvez o caminhante pense em mim...
E quando já não recordarem nada...

Talvez o caminhante bata à porta,
sem me dizer quem é, nem por que vem...
Para mim, de amargura quase morta,

Será tal qual não viesse mais ninguém...
Talvez o caminhante bata à porta...

E como as ilusões retardatárias,
talvez ele entre, sem nenhum rumor,
falando, em pensamento, coisas várias,

Com simbolismos líricos de amor...
E como as ilusões retardatárias...

Pode ser que eu desperte, na penumbra,
à penumbra mais doce dessa voz...
E como é tarde e nada se vislumbra,

Nós – sem sabermos quem seremos nós,
ficaremos mais longe, na penumbra...

Dolorosa

Minha Mãezinha, que foste embora
toda de roxo, com tantas flores
que parecias Nossa Senhora
Das Dores,
minha Mãezinha, que foste embora...

Minha Mãezinha, nesta hora triste,
por que não surges na minha frente,
de olhos fechados, como partiste,
somente...
Minha Mãezinha, nesta hora triste...

Minha Mãezinha, por que não trazes
a mim, cercada de glórias fúteis,
o teu consolo, que não tem frases
inúteis...
Minha Mãezinha, por que o não trazes?

Minha Mãezinha, já sofri tanto
que arrasto uma alma desiludida,
pela paisagem de desencanto
da Vida...
Minha Mãezinha, já sofri tanto!

Minha Mãezinha, minha Mãezinha,
por que nos braços tu não me levas?
Eu talvez tenha de andar sozinha
nas trevas...
E eu sinto medo, minha Mãezinha!

Sem fim

Era uma vez uma donzela,
nos bons tempos do rei Guntar...

Era uma vez uma donzela,
profunda, imensamente bela,
e que tinha medo de amar...

Era uma vez uma donzela
que vivia a amestrar falcões...

Era uma vez uma donzela,
sabendo a vida paralela
a infinitas desilusões...

Era uma vez uma donzela
que, num sonho revelador,

– era uma vez uma donzela...
E que imensa desgraça, aquela! –
soube que ia morrer de amor...

Era uma vez uma donzela,
irmã do moço Giselher...

Era uma vez uma donzela...
Era uma vez, numa novela...
Era uma vez uma mulher...

Era uma vez uma donzela,
nos bons tempos do rei Guntar...

Era uma vez uma donzela,
profunda, imensamente bela,
e que tinha medo de amar...

Do meu outono

O outono vai chegar... Neva a névoa do outono...
Perdem-se astros sem luz... Anda em choro a folhagem...
Há desesperos silenciosos de abandono...

O outono vai chegar... Neva a névoa do outono...
E eu sofro a angústia irremediável da paisagem...

O outono vai chegar... O outono vem tão cedo!
Irão morrer flores e estrelas, como as crianças
tristes e mudas, que impressionam, fazem medo?

O outono vai chegar... Como o outono vem cedo!
E as aves clamam terminais desesperanças...

O outono vai chegar... Têm vozes do passado,
as horas loiras, a cantarem vagarosas,
com ressonâncias de convento abandonado...

Vozes de sonho, vozes lentas, do passado,
falando coisas nebulosas, nebulosas...

O outono vai chegar, como um poeta descrente,
que foi traído, muito longe, em terra estranha,
e que fugiu, doido de amor, miseramente...

O outono vai chegar, como um poeta descrente
que funerais desilusórios acompanha...

O outono vai chegar... Neva a névoa do outono...
Perdem-se astros sem luz... Anda em choro a folhagem...
Há desesperos silenciosos de abandono...

O outono vai chegar... Neva a névoa do outono...
E eu sofro a angústia irremediável da paisagem...

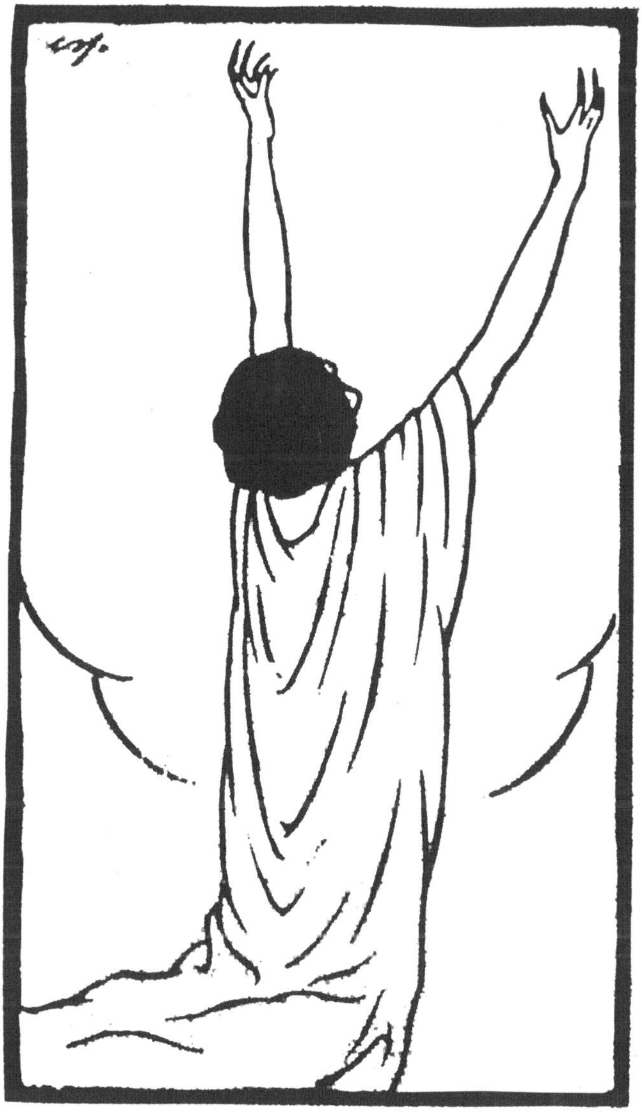

De Nossa Senhora

Nossa Senhora já não ouve
os amargurados gemidos
dos que estão mal, dos que estão sós...
Tanto choro e lamentos houve
que os seus santíssimos ouvidos
não percebem nenhuma voz...

Nossa Senhora já não ouve...

Nossa Senhora já não sabe
das coisas tristes deste mundo,
em que se chora e se descrê...
Nada mais há, nada mais cabe
nos olhos seus, de luar profundo...
Nossa Senhora já não vê...

Nossa Senhora já não sabe...

Nossa Senhora já não sente
os corações amortalhados
nas suas mãos de rosa e luz...
Por muito tempo, muita gente
desceu-lhe aos braços desolados,
de corpo inerte e de alma em cruz...

Nossa Senhora já não sente...

Nossa Senhora, toda pura,
não pensa mais no que se passa,
do amor à morte, em cada ser...

Nossa Senhora, lá na altura,
em plenos céus, em plena graça,
já nada mais pode fazer...

Nossa Senhora toda pura...

E em vão se pede, e em vão se implora,
do deserto amargo da vida,
um consolo, um carinho seu!
Muito tarde! Impossível hora!
Nossa Senhora está perdida...
Nossa Senhora já morreu...

Não temos mais Nossa Senhora!...

Da flor de oiro

Bárbara flor, ó flor de escândalo,
sonho revolto de oriental,
tens sugestões de ópio e de sândalo,

bárbara flor, ó flor de escândalo,
entonteces e fazes mal!...

Foste feita de chamas de oiro
encrespadas a um vento vândalo...
Vens dos orientes... de um tesoiro...

Foste feita de chamas de oiro,
bárbara flor, ó flor de escândalo!...

Bárbara flor, ó flor de escândalo!...
Tua corola é um aranhol,
com perfídias de ópio e de sândalo...

Bárbara flor, ó flor de escândalo,
que em tua alma prendeste o sol!...

Dos pobrezinhos

Nas tardes mornas e sombrias,
de céus pesados, mares ermos,
e horas monótonas e iguais,

eu penso logo nos enfermos,
na escuridão de enfermarias
tristes e mudas de hospitais...

Nas tardes mornas e sombrias...

Como que o tempo não tem pressa...
Como que o tempo se demora...
Vai, por seu gosto, devagar...

E eu sonho que Nossa Senhora,
longe, ouve uma última promessa,
para um doentinho se salvar...

Como que o tempo não tem pressa...

As nuvens fogem... Sono... Tédio...
A noite cai sobre a cidade
e a escuridão cai sobre mim...

Sombras de Irmãs de Caridade
de leito em leito dão remédio...
– E tudo é monótono assim...

As nuvens fogem... Sono... Tédio...

E, enquanto, ao longo dos caminhos,
as vozes líricas da infância
cantam canções de bem-querer,

no esquecimento da distância,
morrem, chorando, os pobrezinhos,
com tanto medo de morrer,

– assim tão longe e tão sozinhos!...

Das avozinhas mortas

As avozinhas acordaram
porque eu chorei, no meu violino,
um morto amor que elas choraram...

Na meia-noite do destino,
as avozinhas acordaram...

A última arcada era tão triste
que os meus olhos se emocionaram...
Coisas tão longe do que existe!

E as avozinhas recordaram
todo um passado ausente e triste...

As avozinhas murmuraram
frases antigas como lendas...
Frases, decerto, que escutaram

entre joias, leques e rendas...
As avozinhas murmuraram...

De alma, porém, desiludida,
os olhos úmidos fecharam...
E, no ermo sonho da outra vida,

As avozinhas continuaram
a partitura interrompida...

Para El-Rei

Oh! nem de leve me recordes esperanças...
Dize que é sonho... a grande doença... a minha doença...
Pensa que sou dócil e triste como as crianças,

as crianças pobres... Muito triste e dócil... Pensa...
E nem de leve me recordes esperanças...

Fica em silêncio... Dispersão... Transporte... Sono...
Deixa que eu te ame como te amo: indefinível,
indefinível, longamente... No abandono

de quem perdeu toda a coragem do Impossível...
Fica em silêncio... Dispersão... Transporte... Sono...

Por mais que te ame, e que te adore, e que te guarde...
Hei de perder-te, com certeza, e sem remédio,
hei de perder-te, ou muito cedo ou muito tarde,

para voltar ao desespero do meu tédio...
Por mais que te ame, e que te adore, e que te guarde...

Não queiras, pois, que eu sofra mais... Deixa-me, apenas,
lembrando a calma dos teus grandes olhos bentos,
onde anda a luz das longas vésperas serenas,

quando se acendem, silenciosos, os conventos,
e as freiras tomam formas brancas de açucenas...

....

Não me recordes esperanças... Eu te adoro!
Fica em silêncio, muito longe ou muito perto...
Não me perguntes em que penso ou por que choro...

Eu sei que os sonhos têm destinos de deserto...
É muito triste... Eu sei que os sonhos... E eu te adoro...

Suavíssima

Os galos cantam, no crepúsculo dormente...
No céu de outono, anda um langor final de pluma
que se desfaz por entre os dedos, vagamente...

Os galos cantam, no crepúsculo dormente...
Tudo se apaga, e se evapora, e perde, e esfuma...

Fica-se longe, quase morta, como ausente...
Sem ter certeza de ninguém... de coisa alguma...
Tem-se a impressão de estar bem doente, muito doente,

de um mal sem dor, que se não saiba nem resuma...
E os galos cantam, no crepúsculo dormente...

Os galos cantam, no crepúsculo dormente...
A alma das flores, suave e tácita, perfuma
a solitude nebulosa e irreal do ambiente...

Os galos cantam, no crepúsculo dormente...
Tão para lá!... No fim da tarde... Além da bruma...

E silenciosos, como alguém que se acostuma
a caminhar sobre penumbras, mansamente,
meus sonhos surgem, frágeis, leves como espuma...

Põem-se a tecer frases de amor, uma por uma...
E os galos cantam, no crepúsculo dormente...

Dos dias tristes

Lá vêm, lá vêm os dias lentos,
dias de sombras taciturnas,
em que todos os pensamentos
tomam formas de aves noturnas...

Lá vêm, lá vêm os dias lentos...

Lá vêm os dias de humildade,
desilusórios e funestos,
com a fatal inutilidade
dos olhares, frases e gestos...

Lá vêm os dias de humildade...

Lá vem, lá vem a solitude...
Quase a gente morre de pena,
vendo que a alma se desilude
tão perfeitamente serena...

Lá vem, lá vem a solitude...

Lá vêm as horas de cansaço...
Calma de fim... Paz de abandono...
Mal se pode fazer um passo,
na paisagem morta de sono...

Lá vêm as horas de cansaço...

E unicamente me consola
a evocação do teu carinho,

doce como a primeira esmola
feita ao primeiro pobrezinho...

E unicamente me consola...

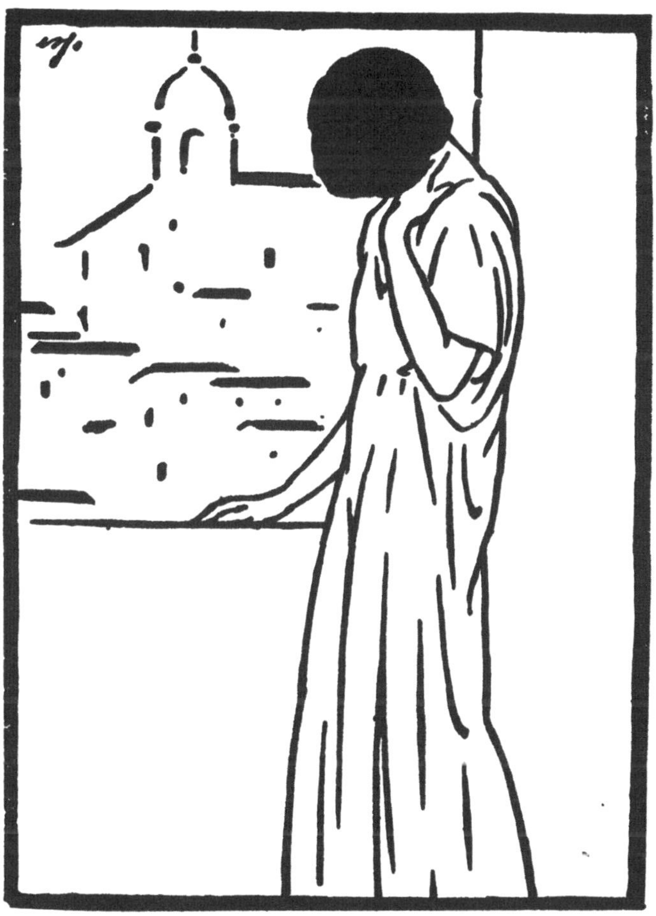

Dos cravos roxos

Esta noite, quando, lá fora,
campanários tontos bateram
doze vezes o apelo da hora,

na minha jarra, onde a água chora,
meus dois cravos roxos morreram...

Meus dois cravos roxos morreram!
Meus dois cravos roxos defuntos,
são como beijos que sofreram,

como beijos que enlouqueceram
porque nunca vibraram juntos...

São como a sombra dolorida
de olhos tristes, que se perderam
nas extremidades da vida...

Oh! miséria da despedida...
Meus dois cravos roxos morreram...

Meus dois cravos roxos morreram!
Meus dois cravos roxos, fanados,
crepuscularam, faleceram,

como sonhos que se esqueceram,
alta noite, de olhos fechados...

....

Eu pensava numa criatura,
quando os campanários bateram...
Tudo agora se me afigura

irremediável desventura...
Irremediável desventura!...

Meus dois cravos roxos morreram...

Para a minha morta

Pedrina minha, eu não te vejo há quantos anos!
Há quantos anos que não vens!... E as minhas preces
não chegam mais a esses lugares sobre-humanos:

porque eu chorei noites sem fim, para que viesses,
Pedrina minha, e eu não te vejo há quantos anos!...

Pedrina minha, és a mais doce das memórias
para a minha alma, a vida inteira alma de criança,
amando sempre o encantamento das histórias

de Barba Azul, de Ali Babá, de um rei de França...
Pedrina minha, és a mais doce das memórias...

Pedrina minha, e os plenilúnios de dezembro?
Nossos Natais... E aquelas rezas que rezavas...
Coisas tão lindas, mas tão longe!... Mal me lembro...

E as lendas mortas de taperas e de escravas...
Pedrina minha, e os plenilúnios de dezembro?...

Pedrina minha, eu fico, às vezes, muito triste...
Penso que tu não me compreendes, não me escutas...
Talvez, depois que nos deixaste e que partiste,

dês a tudo isto vagas formas diminutas...
Pedrina minha, eu fico, às vezes, muito triste...

Pedrina minha, não faz mal que tu me esqueças...
Eu sofro, sim, mas não faz mal... A minha vida
é tão... Lembrando-a, pode ser que ainda padeças...

Já padeceste muita coisa imerecida,
Pedrina minha, não faz mal que tu me esqueças...

Pedrina minha, dorme, dorme... Em noites lentas,
tu me embalavas, a cantar... E o sono vinha...
Hoje eu não durmo... É porque mais não me acalentas?

Eu não sei nada... Eu não sei bem, Pedrina minha...
Pedrina minha, dorme, dor... Em noites lentas...

Das três Princesas

As três Princesas silenciosas
virão da sombra de outros mundos,
trazendo aromas, névoas, rosas...

As três Princesas silenciosas
que dão consolo aos moribundos...

Da alma das noites desoladas,
hão de surgir, mudas, piedosas,
loiras e lindas fadas...

Da alma das noites desoladas,
as três Princesas silenciosas...

As três Princesas silenciosas
virão dizer quando termino...
Virão trazer-me astros e rosas...

As três Princesas silenciosas,
as fiandeiras do meu destino...

E as longas, mórbidas tristezas
das minhas horas dolorosas
desaparecerão, surpresas,

à chegada das três Princesas,
das três Princesas silenciosas...

Soturna

Olhas o céu, que é a flama azul do olhar de um santo.
Parece, até, que, de tão fluida, a luz é aroma...

E eu, vendo o céu lúcido assim, penso no pranto
de súlfur vivo que escorreu sobre Sodoma...

Olhas os ramos, na opulência e na indolência...
Lembras sazões, pomos, desejos e pecados...

E eu, nesses ramos, sinto a lúgubre cadência
da pendular oscilação dos enforcados...

Olhas a terra toda em flor... Falas na glória
de messidores, de farturas, de celeiros...

Diante da terra, oiço a canção desilusória
da ronda triste e sonolenta dos coveiros...

Olhas o mar em que o oiro-azul do céu se estrela:
não sentes, vendo-o, nem pavores nem preságios...

E eu, pelo mar, vejo os espectros da procela,
e as naus sem norte, os precipícios, e os naufrágios...

Olhas a Vida... E ouves, da terra aos céus, o coro
propiciatório de alegrias e noivados...

Dos céus à terra, eu sinto as súplicas e o choro
dos prisioneiros, ofendidos, degradados...

Diante da Morte, unicamente, se alevanta
minha alma em luz, serena e só, tranquila e forte...

E, diante dela, o seu louvor sem frases canta...
Que é que tu sentes, meu Irmão, diante da Morte?

Do crisântemo branco

Neste crisântemo em que ponho olhos tristonhos,
olhos cansados de sofrer e de perdoar,
neste crisântemo em que ponho olhos tristonhos,

há sugestões dos infinitos, pobres sonhos
que a gente faz, num grande enlevo, à beira-mar...

Lento morrer das longas tardes nebulosas...
Morosidades de crepúsculo outonal...
E a gente, dentro dessas tardes nebulosas,

sentindo o vento desfazer brumas e rosas,
pensa que está bastante mal... de todo mal...

Cisma no inverno... O áspero frio das espumas...
Nos horizontes, tudo em cinza... tudo além...
Goteja do ar o pranto leve das espumas...

E sem tristezas nem saudades mais nenhumas,
vai-se acabando pela sombra, sem ninguém...

Sem mais ninguém... sem mais ninguém... Na perspectiva,
desaparece a última forma... o último ser...
Sem mais ninguém... sem ninguém mais... Na perspectiva,

sonha do luar a grande luz meditativa,
numa expressão de olhar de santo a se esquecer...

....

Este crisântemo em que poiso a alma, cismando,
no pessimismo impressional dos sonhos meus,
este crisântemo em que poiso a alma, cismando,

é, numa noite de amargura, não sei quando,
a tua mão, cheia de luar, dizendo adeus...

Final

Eu sei de alguém, de um pobre alguém desconhecido,
que, em certa noite de imortal deslumbramento,
há de surgir da névoa plácida do olvido,

e há de me ver, depois de tanto sofrimento,
na paz de quem nunca tivesse padecido...

Eu sei de alguém, de um pobre alguém que não conhece
a minha vida, a minha sorte, o meu destino,
e que nessa noite, num total desinteresse,

há de fazer chorar por mim, à alma de um sino,
o largo choro funerário de uma prece...

Eu sei de alguém que, muito longe ou muito perto,
me há de trazer como presente o longo cofre,
que todo de oiro e panos roxos vem coberto,

e onde se esquece o que se goza e o que se sofre,
depois da inútil caminhada no Deserto...

Eu sei de alguém, de um pobre alguém pálido e grave,
que, nessa noite, numa semissonolência,
talvez, moroso, maquinal, paciente, cave

o meu caminho para fora da existência...
O meu caminho muito acerbo ou muito suave...

E eu sei de alguém que tinha n'alma eremitérios
para o silêncio dos meus êxtases de monge,
que talvez sofra, de olhos tristes, lábios sérios,

pensando em mim, pensando em mim, que estou tão longe,
nas noites brancas em que há luar nos cemitérios...

....

Oh! todos vós, ó meus irmãos, que, tarde ou cedo,
Piedosamente haveis de vir em meu socorro,
para que finde este tristíssimo Degredo,

que a vossa morte seja a Morte de que morro:
Morte sem mal, Morte sem dor, Morte sem medo!...

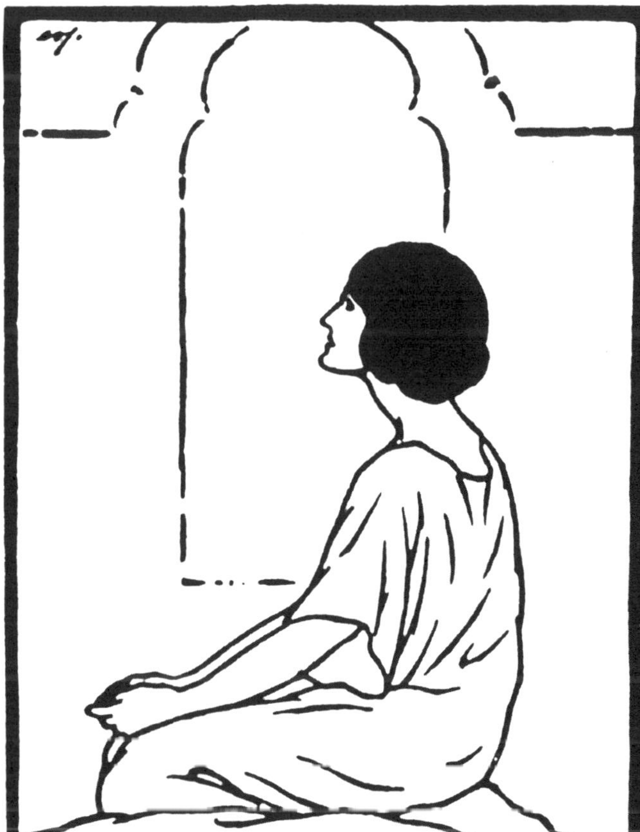

OFERENDA

Teus olhos tristes, d'Agnus Dei,
são minha glória e minha bênção,
depois de tudo que passei...

Teus olhos, só, me recompensam
do pranto inútil que chorei...

Vinha vestida de pesares,
quando em meu sonho te encontrei...
De luz de auroras e de luares,

deram-me trajes tutelares
teus olhos tristes, d'Agnus Dei...

Teus olhos tristes d'Agnus Dei,
na minha símplice humildade,
reinos ergueram, de que és rei...

E em tuas mãos, ó Majestade,
alma e destino coloquei...

Ao teu domínio me abandono...
Ditas-me a fé. Traças-me a lei
E eu sou feliz, porque és meu dono,

e olham-me, do alto do teu trono,
teus olhos tristes, d'Agnus Dei...

....

Teus olhos tristes, d'Agnus Dei,
são minha glória e minha bênção,
depois de tudo que passei...

Teus olhos, só, me recompensam
do pranto inútil que chorei...

Fiquem teus olhos, toda a vida,
fiquem teus olhos, ó meu Rei,
com a sua luz em mim perdida...

Sobre a minha alma, toda a vida,
teus olhos tristes, d'Agnus Dei!...

CRONOLOGIA

1901
A 7 de novembro, nasce Cecília Benevides de Carvalho Meirelles, no Rio de Janeiro. Seus pais, Carlos Alberto de Carvalho Meirelles (falecido três meses antes do nascimento da filha) e Mathilde Benevides. Dos quatro filhos do casal, apenas Cecília sobrevive.

1904
Com a morte da mãe, passa a ser criada pela avó materna, Jacintha Garcia Benevides.

1910
Conclui com distinção o curso primário na Escola Estácio de Sá.

1912
Conclui com distinção o curso médio na Escola Estácio de Sá, premiada com medalha de ouro recebida no ano seguinte das mãos de Olavo Bilac, então inspetor escolar do Distrito Federal.

1917
Formada pela Escola Normal (Instituto de Educação), começa a exercer o magistério primário em escolas oficiais do Distrito. Estuda línguas e em seguida ingressa no Conservatório de Música.

1919
Publica o primeiro livro, *Espectros*.

1922
Casa-se com o artista plástico português Fernando Correia Dias.

1923
Publica *Nunca mais... e Poema dos poemas*. Nasce sua filha Maria Elvira.

1924
Publica o livro didático *Criança meu amor...* Nasce sua filha Maria Mathilde.

1925
Publica *Baladas para El-Rei*. Nasce sua filha Maria Fernanda.

1927
Aproxima-se do grupo modernista que se congrega em torno da revista *Festa*.

1929
Publica a tese *O espírito vitorioso*. Começa a escrever crônicas para *O Jornal*, do Rio de Janeiro.

1930
Publica o poema *Saudação à menina de Portugal*. Participa ativamente do movimento de reformas do ensino e dirige, no *Diário de Notícias*, página diária dedicada a assuntos de educação (até 1933).

1934
Publica o livro *Leituras infantis*, resultado de uma pesquisa pedagógica. Cria uma biblioteca (pioneira no país) especializada em literatura infantil, no antigo Pavilhão Mourisco, na praia de Botafogo. Viaja a Portugal, onde faz conferências nas Universidades de Lisboa e Coimbra.

1935
Publica em Portugal os ensaios *Notícia da poesia brasileira* e *Batuque, samba e macumba*.

Morre Fernando Correia Dias.

Nomeada professora de literatura luso-brasileira e mais tarde técnica e crítica literária da recém-criada Universidade do Distrito Federal, na qual permanece até 1938.

1937
Publica o livro infantojuvenil *A festa das letras*, em parceria com Josué de Castro.

1938
Publica o livro didático *Rute e Alberto resolveram ser turistas*. Conquista o prêmio Olavo Bilac de poesia da Academia Brasileira de Letras com o inédito *Viagem*.

1939

Em Lisboa, publica *Viagem*, quando adota o sobrenome literário Meireles, sem o *l* dobrado.

1940

Leciona Literatura e Cultura Brasileiras na Universidade do Texas, Estados Unidos. Profere no México conferências sobre literatura, folclore e educação.

Casa-se com o agrônomo Heitor Vinicius da Silveira Grillo.

1941

Começa a escrever crônicas para *A Manhã*, do Rio de Janeiro. Dirige a revista *Travel in Brazil,* do Departamento de Imprensa e Propaganda.

1942

Publica *Vaga música*.

1944

Publica a antologia *Poetas novos de Portugal*. Viaja para o Uruguai e para a Argentina. Começa a escrever crônicas para a *Folha Carioca* e o *Correio Paulistano*.

1945

Publica *Mar absoluto e outros poemas* e, em Boston, o livro didático *Rute e Alberto*.

1947

Publica em Montevidéu *Antologia poética (1923-1945)*.

1948

Publica em Portugal *Evocação lírica de Lisboa*. Passa a colaborar com a Comissão Nacional do Folclore.

1949

Publica *Retrato natural* e a biografia *Rui: pequena história de uma grande vida*. Começa a escrever crônicas para a *Folha da Manhã*, de São Paulo.

1951

Publica *Amor em Leonoreta*, em edição fora de comércio, e o livro de ensaios *Problemas da literatura infantil*.

Secretaria o Primeiro Congresso Nacional de Folclore.

1952

Publica *Doze noturnos da Holanda & O Aeronauta* e o ensaio "Artes populares" no volume em coautoria *As artes plásticas no Brasil*. Recebe o Grau de Oficial da Ordem do Mérito, no Chile.

1953

Publica *Romanceiro da Inconfidência* e, em Haia, *Poèmes*. Começa a escrever para o suplemento literário do *Diário de Notícias*, do Rio de Janeiro, e para *O Estado de S. Paulo*.

1953-1954

Viaja para a Europa, Açores, Goa e Índia, onde recebe o título de Doutora *Honoris Causa* da Universidade de Delhi.

1955

Publica *Pequeno oratório de Santa Clara, Pistoia, cemitério militar brasileiro* e *Espelho cego*, em edições fora de comércio, e, em Portugal, o ensaio *Panorama folclórico dos Açores: especialmente da Ilha de S. Miguel*.

1956

Publica *Canções* e *Giroflê, giroflá*.

1957

Publica *Romance de Santa Cecília* e *A rosa*, em edições fora de comércio, e o ensaio *A Bíblia na poesia brasileira*. Viaja para Porto Rico.

1958

Publica *Obra poética* (poesia reunida). Viaja para Israel, Grécia e Itália.

1959

Publica *Eternidade de Israel*.

1960

Publica *Metal rosicler*.

1961

Publica *Poemas escritos na Índia* e, em Nova Delhi, *Tagore and Brazil*.

Começa a escrever crônicas para o programa *Quadrante*, da Rádio Ministério da Educação e Cultura.

1962

Publica a antologia *Poesia de Israel*.

1963

Publica *Solombra* e *Antologia poética*. Começa a escrever crônicas para o programa *Vozes da cidade*, da Rádio Roquette-Pinto, e para a *Folha de S.Paulo*.

1964

Publica o livro infantojuvenil *Ou isto ou aquilo*, com ilustrações de Maria Bonomi, e o livro de crônicas *Escolha o seu sonho*.

Falece a 9 de novembro, no Rio de Janeiro.

1965

Conquista, postumamente, o Prêmio Machado de Assis da Academia Brasileira de Letras, pelo conjunto de sua obra.

Bibliografia básica sobre Cecília Meireles

ANDRADE, Mário de. Cecília e a poesia. In: _____. *O empalhador de passarinho*. São Paulo: Martins, [1946].

_____.Viagem. In: _____. *O empalhador de passarinho*. São Paulo: Martins, [1946].

AZEVEDO FILHO, Leodegário A. de (Org.). Cecília Meireles. In: _____. (Org.). *Poetas do modernismo*: antologia crítica. Brasília: Instituto Nacional do Livro, 1972. v. 4.

_____. *Poesia e estilo de Cecília Meireles*: a pastora de nuvens. Rio de Janeiro: José Olympio, 1970.

_____. *Três poetas de* Festa: Tasso, Murillo e Cecília. Rio de Janeiro: Padrão, 1980.

BANDEIRA, Manuel. *Apresentação da poesia brasileira*. São Paulo: Cosac Naify, 2009.

BERABA, Ana Luiza. *América aracnídea:* teias culturais interamericanas. Rio de Janeiro: Civilização Brasileira, 2008.

BLOCH, Pedro. Cecília Meireles. *Entrevista*: vida, pensamento e obra de grandes vultos da cultura brasileira. Rio de Janeiro: Bloch, 1989.

BONAPACE, Adolphina Portella. *O Romanceiro da Inconfidência*: meditação sobre o destino do homem. Rio de Janeiro: Livraria São José, 1974.

BOSI, Alfredo. Em torno da poesia de Cecília Meireles. In: _____. *Céu, inferno*: ensaios de crítica literária e ideológica. São Paulo: Duas Cidades/Editora 34, 2003.

BRITO, Mário da Silva. Cecília Meireles. In: _____. *Poesia do Modernismo*. Rio de Janeiro: Civilização Brasileira, 1968.

CACCESE, Neusa Pinsard. *Festa*: contribuição para o estudo do Modernismo. São Paulo: Instituto de Estudos Brasileiros, 1971.

CANDIDO, Antonio; CASTELLO, José Aderaldo (Orgs.). Cecília Meireles. *Presença da literatura brasileira 3*: Modernismo. 2. ed. São Paulo: Difusão Europeia do Livro, 1967.

CARPEAUX, Otto Maria. Poesia intemporal. In: _____. *Ensaios reunidos*: 1942-1978. Rio de Janeiro: UniverCidade/Topbooks, 1999.

CASTELLO, José Aderaldo. O Grupo *Festa*. In: _____. *A literatura brasileira*: origens e unidade. São Paulo: EDUSP, 1999. v. 2.

CASTRO, Marcos de. Bandeira, Drummond, Cecília, os contemporâneos. In: _____. *Caminho para a leitura*. Rio de Janeiro: Record, 2005.

CAVALIERI, Ruth Villela. *Cecília Meireles*: o ser e o tempo na imagem refletida. Rio de Janeiro: Achiamé, 1984.

COELHO, Nelly Novaes. Cecília Meireles. In: _____. *Dicionário crítico da literatura infantil e juvenil brasileira*. São Paulo: Nacional, 2006.

_____. Cecília Meireles. In: _____. *Dicionário crítico de escritoras brasileiras*: 1711-2001. São Paulo: Escrituras, 2002.

_____. O "eterno instante" na poesia de Cecília Meireles. In: _____. *Tempo, solidão e morte*. São Paulo: Conselho Estadual de Cultura/Comissão e Literatura, 1964.

_____. O eterno instante na poesia de Cecília Meireles. In: _____. *A literatura feminina no Brasil contemporâneo*. São Paulo: Siciliano, 1993.

CORREA, Roberto Alvim. Cecília Meireles. In: _____. *Anteu e a crítica*: ensaios literários. Rio de Janeiro: José Olympio, 1948.

DAMASCENO, Darcy. *Cecília Meireles*: o mundo contemplado. Rio de Janeiro: Orfeu, 1967.

_____. *De Gregório a Cecília*. Organização de Antonio Carlos Secchin e Iracilda Damasceno. Rio de Janeiro: Galo Branco, 2007.

DANTAS, José Maria de Souza. *A consciência poética de uma viagem sem fim*: a poética de Cecília Meireles. Rio de Janeiro: Eu & Você, 1984.

FAUSTINO, Mário. O livro por dentro. In: _____. *De Anchieta aos concretos*. Organização de Maria Eugênia Boaventura. São Paulo: Companhia das Letras, 2003.

FONTELES, Graça Roriz. *Cecília Meireles*: lirismo e religiosidade. São Paulo: Scortecci, 2010.

GARCIA, Othon M. Exercício de numerologia poética: paridade numérica e geometria do sonho em um poema de Cecília Meireles. In: _____. *Esfinge clara e outros enigmas*: ensaios estilísticos. 2. ed. Rio de Janeiro: Topbooks, 1996.

GENS, Rosa (Org.). *Cecília Meireles*: o desenho da vida. Rio de Janeiro: Setor Cultural/Núcleo Interdisciplinar de Estudos da Mulher na Literatura/UFRJ, 2002.

GOLDSTEIN, Norma Seltzer. *Roteiro de leitura*: Romanceiro da Inconfidência de Cecília Meireles. São Paulo: Ática, 1988.

GOUVÊA, Leila V. B. *Cecília em Portugal*: ensaio biográfico sobre a presença de Cecília Meireles na terra de Camões, Antero e Pessoa. São Paulo: Iluminuras, 2001.

_____. (Org.). *Ensaios sobre Cecília Meireles*. São Paulo: Humanitas/FAPESP, 2007.

_____. *Pensamento e "lirismo puro" na poesia de Cecília Meireles*. São Paulo: EDUSP, 2008.

GOUVEIA, Margarida Maia. *Cecília Meireles*: uma poética do "eterno instante". Lisboa: Imprensa Nacional/Casa da Moeda, 2002.

_____. *Vitorino Nemésio e Cecília Meireles*: a ilha ancestral. Porto: Fundação Engenheiro António de Almeida; Ponta Delgada: Casa dos Açores do Norte, 2001.

HANSEN, João Adolfo. Solombra *ou A sombra que cai sobre o eu*. São Paulo: Hedra, 2005.

LAMEGO, Valéria. *A farpa na lira*: Cecília Meireles na Revolução de 30. Rio de Janeiro: Record, 1996.

LINHARES, Temístocles. Revisão de Cecília Meireles. In: _____. *Diálogos sobre a poesia brasileira*. São Paulo: Melhoramentos, 1976.

LÔBO, Yolanda. *Cecília Meireles*. Recife: Massangana/Fundação Joaquim Nabuco, 2010.

MALEVAL, Maria do Amparo Tavares. Cecília Meireles. In: _____. *Poesia medieval no Brasil*. Rio de Janeiro: Ágora da Ilha, 2002.

MANNA, Lúcia Helena Sgaraglia. *Pelas trilhas do Romanceiro da Inconfidência*. Niterói: EdUFF, 1985.

MARTINS, Wilson. Lutas literárias (?). In: _____. *O ano literário*: 2002-2003. Rio de Janeiro: Topbooks, 2007.

MELLO, Ana Maria Lisboa de (Org.). *A poesia metafísica no Brasil:* percursos e modulações. Porto Alegre: Libretos, 2009.

_____. (Org.). *Cecília Meireles & Murilo Mendes (1901-2001)*. Porto Alegre: Uniprom, 2002.

_____; UTÉZA, Francis. *Oriente e ocidente na poesia de Cecília Meireles*. Porto Alegre: Libretos, 2006.

MILLIET, Sérgio. *Panorama da moderna poesia brasileira*. Rio de Janeiro: Ministério da Educação e Saúde/Serviço de Documentação, 1952.

MOISÉS, Massaud. Cecília Meireles. In: _____. *História da literatura brasileira*: Modernismo. São Paulo: Cultrix, 1989.

MONTEIRO, Adolfo Casais. Cecília Meireles. In: _____. *Figuras e problemas da literatura brasileira contemporânea*. São Paulo: Instituto de Estudos Brasileiros, 1972.

MORAES, Vinicius de. Suave amiga. In: _____. *Para uma menina com uma flor*. Rio de Janeiro: Editora do Autor, 1966.

MOREIRA, Maria Edinara Leão. *Estética e transcendência em O estudante empírico, de Cecília Meireles*. Passo Fundo: Editora da Universidade de Passo Fundo, 2007.

MURICY, Andrade. Cecília Meireles. In: _____. *A nova literatura brasileira*: crítica e antologia. Porto Alegre: Globo, 1936.

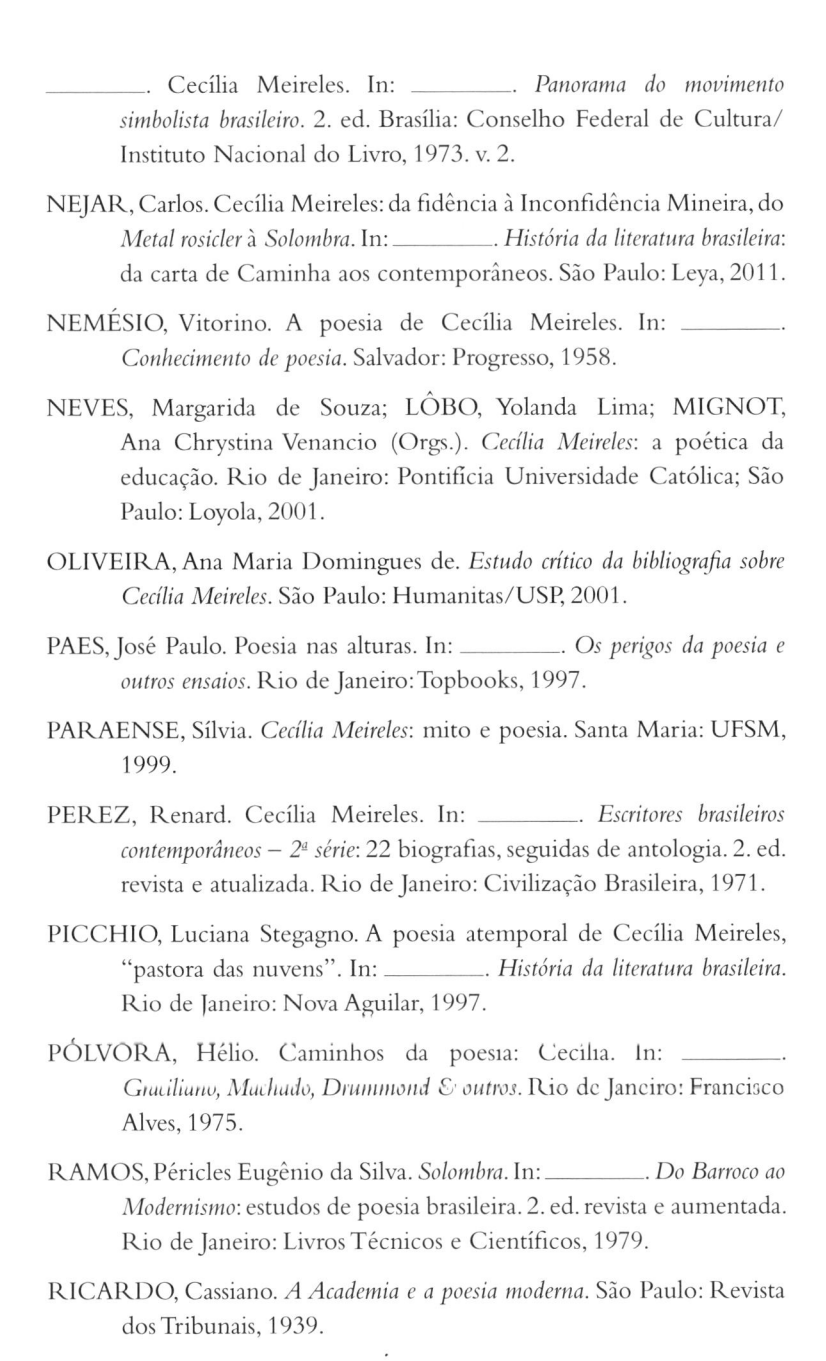

_____. Cecília Meireles. In: _____. *Panorama do movimento simbolista brasileiro*. 2. ed. Brasília: Conselho Federal de Cultura/ Instituto Nacional do Livro, 1973. v. 2.

NEJAR, Carlos. Cecília Meireles: da fidência à Inconfidência Mineira, do *Metal rosicler* à *Solombra*. In: _____. *História da literatura brasileira*: da carta de Caminha aos contemporâneos. São Paulo: Leya, 2011.

NEMÉSIO, Vitorino. A poesia de Cecília Meireles. In: _____. *Conhecimento de poesia*. Salvador: Progresso, 1958.

NEVES, Margarida de Souza; LÔBO, Yolanda Lima; MIGNOT, Ana Chrystina Venancio (Orgs.). *Cecília Meireles*: a poética da educação. Rio de Janeiro: Pontifícia Universidade Católica; São Paulo: Loyola, 2001.

OLIVEIRA, Ana Maria Domingues de. *Estudo crítico da bibliografia sobre Cecília Meireles*. São Paulo: Humanitas/USP, 2001.

PAES, José Paulo. Poesia nas alturas. In: _____. *Os perigos da poesia e outros ensaios*. Rio de Janeiro: Topbooks, 1997.

PARAENSE, Sílvia. *Cecília Meireles*: mito e poesia. Santa Maria: UFSM, 1999.

PEREZ, Renard. Cecília Meireles. In: _____. *Escritores brasileiros contemporâneos – 2ª série*: 22 biografias, seguidas de antologia. 2. ed. revista e atualizada. Rio de Janeiro: Civilização Brasileira, 1971.

PICCHIO, Luciana Stegagno. A poesia atemporal de Cecília Meireles, "pastora das nuvens". In: _____. *História da literatura brasileira*. Rio de Janeiro: Nova Aguilar, 1997.

PÓLVORA, Hélio. Caminhos da poesia: Cecília. In: _____. *Graciliano, Machado, Drummond & outros*. Rio de Janeiro: Francisco Alves, 1975.

RAMOS, Péricles Eugênio da Silva. *Solombra*. In: _____. *Do Barroco ao Modernismo*: estudos de poesia brasileira. 2. ed. revista e aumentada. Rio de Janeiro: Livros Técnicos e Científicos, 1979.

RICARDO, Cassiano. *A Academia e a poesia moderna*. São Paulo: Revista dos Tribunais, 1939.

RÓNAI, Paulo. O conceito de beleza em *Mar absoluto*. In: _____. *Encontros com o Brasil*. 2. ed. Rio de Janeiro: Batel, 2009.

_____. Uma impressão sobre a poesia de Cecília Meireles. In: _____. *Encontros com o Brasil*. 2. ed. Rio de Janeiro: Batel, 2009.

SADLIER, Darlene J. *Cecília Meireles & João Alphonsus*. Brasília: André Quicé, 1984.

_____. *Imagery and Theme in the Poetry of Cecília Meireles:* a study of *Mar absoluto*. Madrid: José Porrúa Turanzas, 1983.

SECCHIN, Antonio Carlos. Cecília: a incessante canção. In: _____. *Escritos sobre poesia & alguma ficção*. Rio de Janeiro: EdUERJ, 2003.

_____. Cecília Meireles e os *Poemas escritos na Índia*. In: _____. *Memórias de um leitor de poesia & outros ensaios*. Rio de Janeiro: Topbooks/Academia Brasileira de Letras, 2010.

_____. O enigma Cecília Meireles. In: _____. *Memórias de um leitor de poesia & outros ensaios*. Rio de Janeiro: Topbooks/Academia Brasileira de Letras, 2010.

SIMÕES, João Gaspar. Cecília Meireles: *Metal rosicler*. In: _____. *Crítica II*: poetas contemporâneos (1946-1961). Lisboa: Delfos, s.d.

VERISSIMO, Erico. Entre Deus e os oprimidos. In: _____. *Breve história da literatura brasileira*. São Paulo: Globo, 1995.

VILLAÇA, Antonio Carlos. Cecília Meireles: a eternidade entre os dedos. In: _____. *Tema e voltas*. Rio de Janeiro: Hachette, 1975.

YUNES, Eliana; BINGEMER, Maria Clara L. (Orgs.). *Murilo, Cecília e Drummond*: 100 anos com Deus na poesia brasileira. Rio de Janeiro: Pontifícia Universidade Católica; São Paulo: Loyola, 2004.

ZAGURY, Eliane. *Cecília Meireles*. Petrópolis: Vozes, 1973.

ÍNDICE DE PRIMEIROS VERSOS

As avozinhas acordaram..41
As três Princesas silenciosas 55
Bárbara flor, ó flor de escândalo,...37
Ele virá tão tarde e tão sozinho,..25
Era uma vez uma donzela,...29
Esta noite, quando, lá fora,..51
Eu sei de alguém, de um pobre alguém desconhecido,.............61
Lá na distância, no fugir das perspectivas,...............................21
Lá vêm, lá vêm os dias lentos,...47
Minha Mãezinha, que foste embora...27
Na grande noite tristonha, ...17
Nas tardes mornas e sombrias,..39
Neste crisântemo em que ponho olhos tristonhos, ...59
Nossa Senhora já não ouve 35
O outono vai chegar... Neva a névoa do outono... 31
Oh! nem de leve me recordes esperanças................................43
Olhas o céu, que é a flama azul do olhar de um santo. 57
Os galos cantam, no crepúsculo dormente...............................45
Para os meus olhos, quando chorarem, ...23
Pedrina minha, eu não te vejo há quantos anos!.....................53
Teus olhos tristes, d'Agnus Dei,...65

GRÁFICA PAYM
Tel. [11] 4392-3344
paym@graficapaym.com.br